Jana Frey

Gruselgeschichten

Illustrationen von Wilfried Gebhard

Bibliografische Information Der Deutschen Bibliothek

Die Deutsche Bibliothek verzeichnet diese Publikation
in der Deutschen Nationalbibliografie;
detaillierte bibliografische Daten sind im Internet
über http://dnb.ddb.de abrufbar.

*Der Umwelt zuliebe ist dieses Buch
auf chlorfrei gebleichtem Papier gedruckt.*

ISBN 3-7855-4781-1 – 1. Auflage 2003
© 2003 Loewe Verlag GmbH, Bindlach
Umschlagillustration: Wilfried Gebhard
Reihengestaltung: Angelika Stubner

www.loewe-verlag.de

Inhalt

Matti Monster

Matilde Monster schaut missmutig
auf ihren kleinsten Sohn.
Sie betrachtet seine gelben
Monsteraugen.
Und seine wilden, grünen
Strubbelhaare.
Und seine langen, dünnen
Monsterfinger.
Und seine spitzen,
kleinen Zähne.

„Du bist nun mal ein Monster",
knurrt sie ärgerlich.
„Und darum ist es deine Aufgabe,
durch die Träume der Kinder
zu geistern
und sie in Angst und Schrecken
zu versetzen!"

10

Aber Matti Monster schüttelt stur
seinen kleinen, runzeligen
Monsterkopf.
Und dann dreht er sich um
und saust davon.
Er rennt in die Nacht hinaus
und in das dunkle Dorf hinunter.
Vor dem ersten Haus am Dorfrand
bremst er scharf ab.

Ein seltsames Geräusch
dringt aus dem Fenster
im ersten Stock.
Eilig klettert Matti in das Zimmer
und hockt sich auf die Fensterbank.
Ein kleiner Junge
sitzt in seinem Bett
und weint.

„Ich habe
von einem bösen Monster geträumt!",
schluchzt er vor sich hin.
„Pah, woher weißt du denn,
dass es böse war?",
fragt Matti Monster freundlich
und springt von der Fensterbank.

„M-M-Monster sind d-d-doch böse",
stottert der kleine Junge erschrocken.
„Nicht immer",
sagt Matti mit funkelnden Augen.
„Ich bin zum Beispiel
kein bisschen böse."

14

Und dann spielt er mit dem Jungen
eine Runde Spielzeugauto-Rennen,
bis der Junge zu gähnen anfängt.
Angst vor Monstern hat er keine mehr.
„Na also", murmelt Matti Monster
und ist sehr zufrieden mit sich.
Vergnügt springt er zurück
in die Nacht hinaus.

Der Gruselclub

„Also, ihr müsst
einmal kreuz und quer
über den ganzen Friedhof laufen",
erklärt Gustav streng.
Mia und Marie nicken.
„Und nicht schummeln",
warnt sie Pia.

„Wir behalten euch im Auge!
Wenn ihr die Mutprobe besteht,
gehört ihr ab sofort
zu unserem Gruselclub!"
Zögernd schleichen
Mia und Marie los.
Kaum sind sie
ein kleines Stück gegangen,
als es hinter einem Grabstein
raschelt.

„Da!",

flüstert Mia erschrocken.

Hinter dem Grabstein erscheint

eine dürre, knochige Hand.

„Das ist doch bloß eine Plastikhand",

flüstert Marie zurück.

Und tatsächlich – hinter dem Stein
lugt ein Zipfel
von Gustavs Jackenärmel hervor.
„Da, eine dicke Spinne!",
schreit Mia gleich darauf.
„Die gehört doch Tom",
sagt Marie vergnügt.

Danach beschert ihnen
der Gruselclub
noch ein plüschiges Gespenst,
ein wackeliges Mini-Skelett
und eine kleine Dose,
aus der es gespenstisch heult.
„Das wäre geschafft!",
sagt Marie erleichtert.

„Ihr wart gar nicht schlecht",
rufen Gustav, Tom und Pia
und krabbeln
aus einem Gebüsch hervor.
„Willkommen im Gruselclub!"

Genau da hören sie es:
Ein lang gezogenes,
unheimliches Stöhnen!
Gustav zuckt zusammen.

„He, was war das?",

flüstert Pia.

Und dann beginnt der Gruselclub,

sich sehr zu gruseln.

„Oh, oh, oh ...",

stöhnt es klagend.

Gustav macht ein ängstliches Gesicht.

„Los, schauen wir nach!",

schlägt Marie mutig vor.

„Also, ich weiß nicht",

gibt Gustav zu bedenken.

Marie schaut trotzdem nach.

Plötzlich fängt sie an zu kichern.

„Gustav, du wirst es nicht glauben",
prustet sie. „Es ist dein Papa!
Er hat sich beim Joggen
den Fuß verknackst!"

Jonte und der Kellergeist

Es passierte im Keller.

Wie schon so oft

musste Jonte dort

für seine Mama

ein Glas Marmelade holen.

Jonte konnte

den düsteren Keller nicht leiden.

Gerade als er vor dem Regal stand,
wurde die Luft um ihn herum
plötzlich eiskalt.
Es war, als würde er
in einem unsichtbaren Kühlschrank
stehen.

Schnell trat Jonte
einen Schritt zur Seite.
Hier war wieder alles ganz normal.

„He!", jammerte da
eine unheimliche Stimme.
„Kannst du nicht aufpassen?
Du bist einfach so
durch mich hindurchgelaufen!"
„W-w-wer – wer spricht denn d-da?",
stotterte Jonte erschrocken.
„Ich bin der Kellergeist",
sagte die unsichtbare Stimme traurig.

„Seit ich denken kann,
wohne ich in eurem Keller.
Aber letzte Nacht hat sich hier
ein böser Poltergeist eingenistet.
Und der will mich vertreiben!"
Jonte hörte einen tiefen Seufzer.
Er bekam Mitleid mit dem Kellergeist.
„Kann ich dir vielleicht helfen?",
fragte er sehr leise.

„Ich wüsste nicht, wie",
klagte die unsichtbare Stimme.
„Vielleicht fürchten sich Poltergeister
ja vor Wasser",
überlegte Jonte.

Und schon schnappte er sich
den Gartenschlauch aus dem Regal
und schraubte ihn
an den Kellerwasserhahn.

Gemeinsam schlichen
Jonte und der Kellergeist
dann durch den dunklen Kellerflur.
Je dunkler es wurde,
desto besser konnte Jonte
den Kellergeist erkennen.

Und dort,

in der Ecke des hintersten Raumes,

lag der Poltergeist!

Jonte zitterte vor Aufregung.

Aber der Kellergeist

zitterte noch viel mehr.

„Los geht's!",

flüsterte Jonte

und drehte den Schlauch auf.

Der Poltergeist heulte wild auf,
als das Wasser ihn traf.
Er prustete gurgelnd
und floh auf der Stelle.
Der kleine Kellergeist jubelte.

Von diesem Tag an
ging Jonte freiwillig
zum Marmeladengläserholen
in den Keller.
Schließlich wohnte hier unten
ein guter Freund von ihm ...!

Halloweenzauber

Es ist Halloween.

Feline schlüpft

in ihr gruseliges Vampirkostüm.

Ihre Freundin Lilli

hat sich als Kürbis verkleidet.

Die beiden ziehen los.

Zusammen mit den anderen Kindern

aus dem Ort

gehen sie von Haus zu Haus

und sammeln Süßigkeiten.

Aber dann passiert es:
Aus dem Nichts der Dunkelheit
taucht eine alte,
buckelige Hexe auf.
Feline prallt mit ihr zusammen.

„Jetzt bist du verhext!",
kreischt die Hexe schrill
und humpelt
mit einem hämischen Lachen davon.

Feline fühlt sich plötzlich
ganz und gar merkwürdig.
„Feli, was ist das denn?",
ruft Lilli erschrocken
und zeigt auf Felines Hände.
Feline reißt die Augen auf.
Ihre Hände sind runzelig
und schrumpelig.

„Und dein Gesicht!",
wimmert Lilli.
Feline spürt,
wie ihre Nase krumm
und höckerig wird.
„Ich bin müde",
krächzt sie heiser,
dreht sich um
und schlurft die Straße entlang.
Das Herz klopft ihr bis zum Hals.

„Wer sind Sie denn?",
fragt Felines Mama,
als Feline an der Haustür klingelt.
„Ich bin's doch – Feline",
flüstert Feline.
Aber ihre Mutter schüttelt nur
den Kopf
und schließt schnell die Tür.
Feline bekommt von Kopf bis Fuß
eine Gänsehaut.

Da kracht es plötzlich,
und Feline kullert
auf den harten Fußboden.
Gleich darauf wird es sehr nass
in ihrem Gesicht.

Das ist Nudel, ihr Hund,
der ihr Guten Morgen sagt.
„Feline,
du bist ja aus dem Bett gefallen!",
ruft Mama.
„Hast du etwa schlecht geträumt?"

Der grüne Geist

Es war in den Sommerferien.
Janne und Max waren für eine Woche
bei ihrem Opa zu Besuch.
An einem Regentag beschlossen sie,
den staubigen Dachboden
zu durchstöbern.
„Da, ein altes Radio!",
rief Janne begeistert.

„Und ich hab Opas
kaputte Angel gefunden!",
rief Max zurück.

Plötzlich fiel, ganz von allein,
eine staubige, grüne Flasche
aus einem hohen Regal.
Sie schlug auf dem Boden auf
und zerbrach
in viele winzige Scherben.

Merkwürdige, grüne Rauchwolken
breiteten sich aus.
Janne und Max rissen die Augen auf.
Denn aus den Rauchwolken
drängelte sich ein riesiger,
grüner Geist.
„Ha! Wen haben wir denn da?",
rief der Geist
und funkelte gefährlich
mit den Augen.

„W-w-wer bist d-du?",
stotterte Max.
„Ich bin ein Gruselgeist!",
zischte der Geist.
„Ich kann alles herbeizaubern,
wovor sich die Menschen fürchten."
Er kicherte böse.

„Du fürchtest dich vor Spinnen,
du dummes Kind!",
fauchte er Max an.
Und schon kroch eine dicke Spinne
durch einen Ritz in der Wand.

„Und du fürchtest dich
vor deinem Zahnarzt!",
flüsterte der Gruselgeist Janne zu.
Und schon stiefelte Jannes Zahnarzt
zur Tür herein.

„Ha, so ein Spaß!",
kreischte der Gruselgeist.
Der Lärm auf dem Dachboden
weckte Jannes und Max' Opa
aus seinem Mittagsschlaf.
Gähnend kam er nach oben.
„Du lieber Himmel,
was ist denn hier passiert?",
stöhnte er entsetzt.

Und es dauerte nicht lange,
da wussten alle im Dorf,
dass auf dem Dachboden
von Opa Huber
ein böser Gruselgeist wütete.

44

Aber am Abend hatte Janne eine Idee:
„Wir müssen alle Leute
hierher holen",
schlug sie vor.
„So viel Grusel auf einmal
schafft der Geist bestimmt nicht!"
Gesagt, getan!
Eine Stunde später
hatte sich das ganze Dorf
auf Opa Hubers Dachboden
versammelt.

„Nein, nein, nein!",
jammerte der Gruselgeist
und riss entsetzt
seine Gruselaugen auf.
„Was zu viel ist, ist zu viel!"
Da gab es plötzlich
einen lauten Knall,
und der Gruselgeist
war verschwunden.

Bodo Bösewicht

Heute ist ein besonderer Tag
für Emil und Emilia.
Denn Mamas Bruder Bert
ist zu Besuch gekommen.
Aus Amerika.

Dort hat er die letzten Jahre gewohnt.

Onkel Bert hat viele tolle Geschichten
auf Lager.

Es wird ein lustiger Nachmittag.

Doch mitten in der nächsten Nacht
wachen die Zwillinge plötzlich auf.

Sie hören Onkel Berts Stimme
aus dem Wohnzimmer.

48

Und da ist auch noch
eine andere Stimme.
Eine sehr unheimliche Stimme.
Emil und Emilia
schleichen in den Flur.
Im Wohnzimmer sitzt Onkel Bert
neben einem runzeligen Gespenst
mit großen Glubschaugen.

„Ich habe Hunger",
knurrt das Gespenst
und starrt gierig
auf den schlafenden Biff.
Biff ist Emils Dackel.

„Nein, du darfst ihn nicht haben",
sagt Onkel Bert.
„Du kannst ein Wurstbrot haben."
„Nein, ich will diesen Dackel fressen",
faucht das schrumpelige Gespenst böse.
Emil und Emilia schauen sich
entsetzt an.
„Ich will etwas zerfleischen",
jammert das Gespenst.
„Das gibt es doch nicht",
flüstert Emil.
„Fressen, fressen, fressen ...",
zischt das Gespenst.

Auf einmal sind Mama und Papa da.
Sie kommen aus der Küche.
Und Papa geht einfach so
ins Wohnzimmer.
„Na, Bodo Bösewicht!",
lacht er und tätschelt
dem runzeligen Monster den Kopf.

Emil und Emilia

stehen erschrocken da

und starren das Gespenst an.

„Na, ihr Zwillings-Strubbelköpfe!",

sagt das Gespenst plötzlich freundlich

und wackelt

mit seinem gruseligen Kopf.

Und da sehen es Emil und Emilia:
Das Gespenst ist gar kein Gespenst,
sondern eine harmlose Puppe!
„Onkel Bert ist ein Bauchredner",
erklärt Mama stolz.
„Habe ich euch das etwa
noch nie erzählt?
Früher ist er mit Bodo
sogar im Zirkus aufgetreten!"

Herr Bonifatius

„Linnea, kannst du mir den Besen
aus dem Gartenschuppen holen?",
rief Mama.
Aber Linnea schüttelte ängstlich
den Kopf.
„Ich glaube, da ist ein Gespenst drin",
flüsterte sie.

Lars lachte laut los,

als er diesen Unsinn hörte.

Was war seine kleine Schwester

doch für ein blöder Angsthase!

Lars rannte zum Gartenschuppen

und riss die Tür auf.

„Wo soll hier, bitte schön,

ein Gespenst sein?",

rief er höhnisch

und knipste das Licht an.

56

„Linnea, du bist so dumm
wie ein blöder Blecheimer!"
Da krachte es laut,
und die Schuppentür
schlug hinter ihm zu.

Lars zuckte
erschrocken zusammen.
Im selben Moment
ging das Licht aus.
„He ...", murmelte Lars ärgerlich.
„Was soll denn der Blödsinn?"
Er tastete nach dem Lichtschalter.

Aber eine eisige, glitschige,

unsichtbare Hand hielt ihn zu.

Mit schlotternden Knien

tastete sich Lars zur Tür zurück.

Plötzlich hörte er neben sich

ein sehr unheimliches Geräusch.

Es war, ganz sicher, ein leises Atmen.

Lars lief es eiskalt

den Rücken herunter.

58

„W-w-was ist hier los?",
stotterte er ängstlich.
„Soso, es gibt also keine Gespenster,
kleiner, dummer Lars?",
sagte eine unsichtbare Stimme
höhnisch.

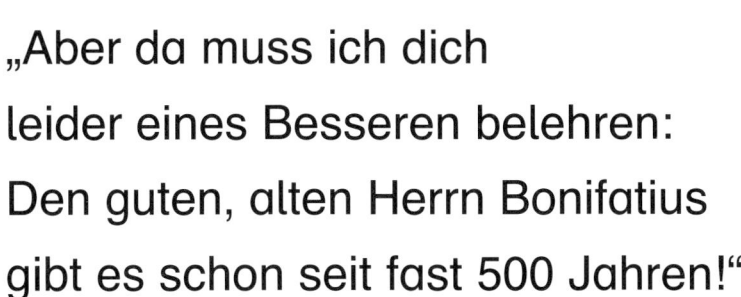

„Aber da muss ich dich
leider eines Besseren belehren:
Den guten, alten Herrn Bonifatius
gibt es schon seit fast 500 Jahren!"

Lars zog den Kopf ein.

„Hier hast du den Besen",

sagte Herr Bonifatius

und lachte versöhnlich.

„Und jetzt lauf zu deiner Schwester

und entschuldige dich bei ihr ..."

Das tat Lars auf der Stelle.

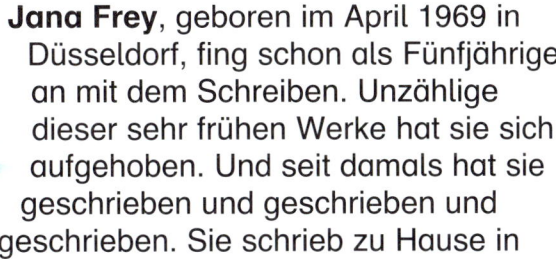

Jana Frey, geboren im April 1969 in Düsseldorf, fing schon als Fünfjährige an mit dem Schreiben. Unzählige dieser sehr frühen Werke hat sie sich aufgehoben. Und seit damals hat sie geschrieben und geschrieben und geschrieben. Sie schrieb zu Hause in Deutschland, aber auch in Amerika und Neuseeland, auf der anderen Seite der Weltkugel. Zwischendurch hat sie Literatur studiert und eine Familie gegründet. Sie veröffentlicht Kinder- und Jugendbücher und arbeitet auch fürs Fernsehen.

Wilfried Gebhard ist in Crailsheim geboren und in Stuttgart aufgewachsen. Nach dem Grafikstudium an der Grafischen Fachschule und der Staatlichen Akademie der bildenden Künste in Stuttgart arbeitete er zunächst in der Werbung. Später kam er zum Cartoon und zur Illustration. Neben zahlreichen Veröffentlichungen in Magazinen und Zeitschriften, Cartoon- und Kinderbuchverlagen entstanden Arbeiten fürs Kinderfernsehen.